AF227185

S 160187

DU

GOUVERNEMENT REPRÉSENTATIF

EN FRANCE ET EN ANGLETERRE;

PAR

M. D'ASSAILY.

Paris,

IMPRIMERIE DE LANGE LÉVY ET COMP.,

Rue du Croissant, 16.

1842

DU
GOUVERNEMENT REPRÉSENTATIF

EN

FRANCE ET EN ANGLETERRE.

Alliées quelquefois, rivales toujours, se côtoyant sans cesse par leurs intérêts, comme par leurs institutions et par leurs idées, jamais peut-être l'Angleterre et la France ne se sont plus qu'aujourd'hui préoccupées de leur situation réciproque. Sans parler des Statistiques et des *Revues*, qui ne connait les écrits de M. Duvergier de Hauranne ? M. de Carné, à son tour, publie un ouvrage, sur le gouvernement représentatif dans les deux pays. Ces études comparées nous semblent offrir un vif intérêt. Sans doute la France n'est pas le moins du monde aristocratique comme la Grande Bretagne, de même qu'elle n'est pas non plus démocratique tout à fait à la façon des Etats-Unis. Lorsqu'on met en regard leurs mœurs et leurs institutions, s'en suit-il qu'aucune lumière ne jaillisse de ces examens mutuels ? L'expérience, au contraire, s'éclaire à la fois par les rapprochemens et par les contrastes ; elle apprend à signaler d'autant mieux les améliorations et les écueils.

Nulle doctrine ne s'impreigne profondément dans les ames, sans se traduire parallèlement dans les faits. Chez tous les peuples où le christianisme a pénétré, un certain équilibre cherche à s'établir dans les mœurs et dans les institutions politiques.

Que l'on suive le développement collectif du système féodal en Europe jusqu'au dixième siècle, celui des communes au douzième; plus tard les forces multiples de la société tendent à se rapprocher et à s'unir dans les états, les parlemens ou les cortès; puis, du quinzième au seizième siècle, cette tendance tourne simultanément à la concentration des pouvoirs et à la prédominance monarchique, en France comme en Angleterre, comme en Allemagne, en Espagne comme en Italie. Plus on avance dans l'histoire des temps modernes, plus s'activent les relations des peuples, plus l'imprimerie et d'autres puissans véhicules leur viennent en aide, plus cette communication des idées et ses résultats sympathiques deviennent prompts, irrésistibles.

La France elle même, depuis cinquante ans à peine que, les yeux fixés tour à tour sur la constitution anglaise et sur la constitution américaine, elle a commencé d'adopter l'idée représentative, que de terrain ne lui a-t-elle pas soumis! que de conquêtes, en dépit, je ne dis pas seulement des coalitions armées et de tant d'intérêts ligués contre elle, mais, ce qui survit parfois aux intérêts, en dépit des traditions et des habitudes des peuples.

Malgré ces prodigieux obstacles, malgré le prestige exercé quinze ans par un despotisme masqué de gloire, il y a mieux, à l'aide de ce despotisme, devenu pour elle un instrument, en moins d'un demi-siècle, l'idée nouvelle s'est étendue à la plus grande partie de l'Europe. Elle pénètre là où les faits ne sauraient pénétrer encore. La vague qui, remuée profondément par le souffle de l'Angleterre et de la France, a été poussée de l'Espagne à la Baltique, de la Grèce aux extrémités de l'Allemagne, rejaillit menaçante jusqu'au pied du trône des tzars. Les flots, plus ou moins émus, s'agitent partout: *Mens agitat molem.* A de pareils signes, il est difficile de méconnaître une révolution qui se généralise de plus en plus. Ceux qui persisteraient à n'y voir que des accidens isolés, n'ont pas assez remarqué peut-être, que ce mouvement commun et instinctif des peuples, se poursuit, à travers les vicissitudes de guerre et de paix, de partis et de dynasties. Condamné en quelque sorte à porter la peine des excès et des crimes dont il devient le prétexte, s'il a été compromis parfois, c'est par les violences de ceux qui s'efforcent de le précipiter. On ne peut nier aujourd'hui que 93 n'ait longtemps retardé parmi nous l'application des principes de 89. Qui ne sait que cette affreuse apparition a fait reculer de trente ans, en Angleterre, les sympathies éveillées par la Constituante ?

Si l'on cherche à résumer brièvement la dernière période historique, on voit, en France, la royauté, à mesure que les forces de la commune se sont accrues, s'étayer de son secours pour vaincre l'aristocratie. Le combat terminé, au lieu de l'admettre au partage, la royauté s'en est seule approprié les résultats. Bientôt elle s'est trouvée aux prises avec cette bourgeoisie qu'elle avait elle-même appelée à son aide. Terrassée à son tour, il ne lui a été donné de reprendre le sceptre qu'à condition de le tenir de cette puissance rivale qui aspire à l'amoindrir de plus en plus.

En Angleterre, après une lutte prolongée, l'aristocratie, liguée avec les communes, a fini par subjuguer la royauté. Elle aussi a commencé par s'attribuer, par administrer exclusivement la victoire. Si elle a concédé aux classes moyennes un semblant de représentation, elle s'est appliquée à en retenir la réalité, et, jusqu'à ces derniers temps, elle a pu s'en arroger le monopole.

Là encore, avec une courtoisie chevaleresque, l'aristocratie présente à la couronne, un genou en terre, le discours délibéré pour elle ; ici, la royauté, qui s'appuie sur les mœurs, conserve une large part du pouvoir et les honneurs de la cour. —Dans les deux pays, en définitive, le principe de la souveraineté nationale a été proclamé par la constitution et la domine,

Si maintenant l'on admet, avec M. de Carné, que le gouvernement des classes moyennes, d'autres diraient de la démocratie, soit l'avenir vers lequel s'avance l'Europe, la position de la Grande-Bretagne serait, au premier coup d'œil, plus défavorable que celle de la France. A voir cette féodalité si vivante encore dans la législation, dans la famille et dans les mœurs, les 32,000 propriétaires qui se partagent, comme au seizième siècle, le sol entier du royaume; la population agricole tendant à se restreindre et l'accroissement démesuré de la population industrielle (voir les preuves statistiques sur vingt années, 1811-1831, dans l'excellent ouvrage de M. Porter (1) ; ces quelques centaines de millionnaires en face de ces multitudes d'indigens, du paupérisme ; des millions d'ouvriers que les fluctuations du commerce condamnent à l'inaction, demandant du pain, et une aristocratie dont l'opulence est prélevée sur leur misère, qui s'efforce d'étouffer leur voix ; le long oubli de l'éducation populaire fomentant, au sein de la corruption, les aveugles fureurs de l'ignorance ; ici le radicalisme fanatique, là le matérialisme radical, torches ardentes aux mains du *chartiste* et du *socialiste ;* cette Irlande esclave, affamée et frémissante, glaive redoutable suspendu sur la tête de son tyran ; à la vue de ces maux et de ces dangers, on est saisi d'effroi. Que si cependant on met en regard l'esprit politique, l'admirable esprit public, ce respect de la loi inoculé dans les mœurs, de telle sorte que quelques pelotons de miliciens suffisent à maintenir l'ordre dans des manufactures de 300,000 âmes, comme Manchester ou Glascow, et que, pour le protéger dans la Grande-Bretagne tout entière, il suffit des 30,000 soldats préposés à la garde de Paris et de sa banlieue; cette constitution, écrite moins sur le papier que dans les cœurs de la nation, vigoureuse à la fois et flexible, capable de céder sans

______

(1) *Progrès de la Grande-Bretagne,* etc. Paris, 1837.

péril à la pression des nécessités que le temps entraîne ; la dé-
férence enfin qu'obtient de tous une aristocratie intelligen-
te, toujours prête à ouvrir ses rangs aux supériorités qui surgissent ; qui ne semble pas les accepter ou les subir, mais se
faire un glorieux calcul de s'y recruter sans cesse ;—nous juge-
rons alors de l'avenir par le passé, nous oserons présager,
qu'en dépit de tant d'écueils, la Grande-Bretagne conju-
rera les tempêtes qui la menacent.

Toutefois un changement prodigieux s'est depuis peu opéré
dans la société britannique : cette constitution, mosaïque cu-
rieuse, où chaque époque venait comme isolément déposer sa pier-
re, a cessé d'admettre uniquement l'élément traditionnel. L'im-
muabilité du *church and state* est supplantée par le génie ra-
tionaliste de la Constituante. L'esprit logique l'a entamée, s'est
insinué jusqu'au vif, et bien que la révolution, la transformation,
si l'on veut, maniée avec dextérité, continue à s'effectuer par
les voies légales, on peut affirmer qu'en vingt années, les institutions de la Grande-Bretagne ont subi des modifications plus
profondes qu'elles n'en avaient éprouvé depuis 1688.

Il ne s'agit pas seulement, en effet, de l'adoption presque si-
multanée (à trois ans de distance, 1829-1832) de ces deux im-
menses mesures, l'émancipation catholique et la réforme électorale : c'est tout un ensemble d'actes analogues, ébranlant
dans le présent, menaçant surtout dans l'avenir les deux colonnes de la constitution anglaise, le protestantisme épiscopal et
les invariables traditions de la féodalité normande ;

C'est une administration régulière substituée aux abus fabu-
leux des corporations municipales (1835) ;

C'est le jugement des dispositions testamentaires, c'est l'é-
tat civil arraché à l'église anglicane (1836) ;

C'est un commencement de centralisation salutaire (son ab-
sence presque absolue a produit dans la Grande-Bretagne des
effets non moins fâcheux que son exagération en France) ad-

mis pour remédier au cancer hideux et envahissant du paupérisme ;

C'est la création d'une université de Londres, constituée au
mépris des clameurs furieuses de Cambridge et d'Oxford, in-
vestie du droit de conférer les degrés sans distinction des
croyances, etc., etc.

Ainsi, bien que les conséquences des principes posés ne se
fassent pas toutes sentir encore, et que, dans la réforme électorale, par exemple, l'aristocatie territoriale semble même avoir
puisé de nouvelles forces, il serait difficile de méconnaître
qu'une ère entièrement nouvelle s'ouvre pour la constitution
britannique. Echappée une fois de ces rails immuables sur les-
quels la retenait la tradition, elle sera poussée en avant par le
bras impétueux de l'Irlande, alliée naturelle du radicalisme, de
toutes les irritations qui fermentent, et pour qui la réforme
semble assaisonnée du plaisir de la vengeance, comme elle s'en-
venime aux yeux des conservateurs par un regret involontaire
de l'oppression.

Nous avons indiqué déja que si la situation intérieure de la
Grande-Bretagne peut paraître, à certains égards, plus criti-
que que celle de la France, c'est que la première n'est pas seulement en proie à une lutte d'idées, mais à une lutte d'intérêts.
Trop souvent en France, au risque de mal exprimer ceux qu'elle
cherche à définir et qu'elle devance, l'idée absolue marche seule, à
l'aventure. En Angleterre, peu de réformes invoquées qui ne s'ap-
puient au contraire, sur des souffrances réelles : les intérêts formu-
lent, épaulent les théories. Les réclamations des classes inférieures
et de l'Irlande ne reposent-elles pas sur de trop légitimes griefs ?
Tandis que l'une se débat sous une misère inouie, suite d'une
oppression de plusieurs siècles, les autres gémissent sous le
faix du plus odieux des monopoles, celui des subsistances, celui
des céréales, combiné dans l'intérêt égoïste de la propriété
foncière. Personne ne prétend apparemment que l'on combatte

là pour des abstractions, pour de vaines utopies politiques. Les améliorations réclamées sont indispensables comme la vie, les maux signalés manifestes comme le soleil. Difficilement trouverait-on rien de semblable en France. Les classes laborieuses peuvent y souhaiter sans doute des changemens d'impôts vicieux ou mal assis, l'abolition de la taxe du sel, de la contribution des portes et fenêtres, qui tarife la lumière à l'indigence, etc. Mais, après tout, quels griefs comparables à ceux dont on argue au-delà du détroit ? En un mot, ce sont encore des griefs sociaux qui apparaissent en Angleterre, c'est une lutte sociale avec ses proportions gigantesques. Sur ce terrain, en France, la lutte est terminée. S'il reste des conséquences à déduire, du moins tous les principes sont posés.

« La hiérarchie intellectuelle substituée à la hiérarchie héréditaire, l'esprit d'individualisme à l'esprit de caste, l'égalité absolue inaugurée dans le droit civil », telles sont les bases irrévocablement acquises à la société française. 1830, sous ce rapport, a clos et précisé 89. Ces principes, désormais inébranlables, sont consacrés dans les symboles les plus divers. Nul autre terme à l'égalité politique que la capacité légalement constatée : Qu'est-ce encore à vrai dire ? Sinon l'avènement au pouvoir d'une classe unique, héritière de toutes les autres, absorbant à la fois l'aristocratie de fortune et l'aristocratie d'intelligence, classe illimitée, sauf la borne mobile des lois électorales que le dogme fondamental de la constitution tend à reculer sans cesse.

Cependant cette classe, dès long-tepms victorieuse, au lieu d'organiser sa conquête, vacille dans sa marche, est pleine d'enxiété. Quel appuis et quel but lui proposer ? Sur quels plans édifier son avenir ? Essayons d'aborder quelques uns de ces problèmes, dont l'examen intéresse tout ami vrai de son pays.

Les détracteurs systématiques de notre régime parlementaire, ne tournent guères l'effort de leurs attaques du côté des intérêts matériels. Il suffirait, pour leur repondre, de dérouler le tableau de notre prospérité croissante depuis vingt années. Mais d'autres points s'offrent plus vulnérables.

Dans tous les partis, il est des hommes désintéressés, des hommes de cœur, que les variations et les défaillances de notre baromètre parlementaire, ont frappé de découragement. Ces conquêtes de ministères emportées, moins par la supériorité du talent que par la ruse, moins par le triomphe des convictions, que par l'embauchage ou la désertion des alliés, le sort des lois les plus graves subordonné trop souvent au secret ou à la publicité d'un vote, les mille plaies enfin de notre politique au dedans, et les tristes résultats de notre politique extérieure dans ces dernières années, ont donné des armes au scepticisme politique. Plusieurs en ont induit notre inaptitude au gouvernement représentatif.

Le mal est vrai, et nous rechercherons tout à l'heure en quoi nos institutions y ont leur part ; mais ce n'est point à elles seules qu'il faut s'en prendre. Cette atonie et cette mollesse de principes dont on accuse le parlement, existent dans le cœur même de la nation. La France a les passions, elle n'a point encore les mœurs politiques. De 89 elle s'est acheminée au Gouvernement représentatif, à travers le double despotisme de la Convention et de l'Empire : singulière école pour son apprentissage d'esprit public et de liberté ! En matière de Gouvernement aussi les transitions sont difficiles, et c'est d'hier, à peine, que la royauté démocratique de 1815 a été remplacée par la démocratie royale de 1830. Disons le d'ailleurs, aux époques où la société s'ébranle, les doctrines sensualistes font irruption. Secondées par l'anarchie des esprits, qui donne la main à l'anarchie politique, hardies alors elles s'insurgent contre les instincts supérieurs, contre la raison souveraine de l'humanité. Leur empire est circonscrit sans doute, mais leur influence survit long-temps aux passions qui les ont fait naître.

Il fallut plus d'un jour à l'Angleterre, après le règne de Charles II, pour que l'esprit public surmontât la corruption, le machiavélisme des doctrines, et que le parlement lui-même déclinât les habitudes des roués.

Mais cette influence des mœurs sur les institutions, nos institutions l'exercent réciproquement sur nos mœurs. La liberté de la presse doit être classée ici au premier rang. Récemment affranchie, au milieu de l'ébranlement produit par une grande révolution politique, son action, parmi nous, est presque sans limites.

Une idée a préoccupé nombre d'esprits. On a provoqué la création d'une presse gouvernementale, non plus achetée et entretenue furtivement, mais qui, épousée au grand jour, dotée par le vote des Chambres, ferait circuler dans la France entière les documens politiques, la pensée et les doctrines du pouvoir. C'est supposer ce pouvoir, c'est-à-dire un ministère, professant sur toutes choses un symbole et des convictions communes. Rien de mieux, certes. Nous irons, si l'on veut, jusqu'à admettre que l'opposition eût la longanimité annuelle de votre des fonds au budget pour cet organe officiel, n'est-il pas plus que probable que les doctrines formulées par tel ou tel ministère, seraient infirmées, seraient contredites par le ministère qui le supplanterait? Triste remède au fractionnement d'opinions, que de renverser tour-à-tour les axiômes érigés la veille!

D'autres ont émis le vœu plus restreint, (il paraît devoir être porté aux chambres dans la session prochaine) : que le compte rendu des débats parlementaires, fut envoyé gratuitement à chaque électeur. Tout intérêt grave venant se refléter dans ces débats, nul moyen, a-t-on dit, plus rapide, d'initier le corps électoral à la vie et aux questions politiques. Si c'est l'électeur qui, en fait et en droit, décide ces questions en dernier ressort, il importe de mettre les pièces du procès dans ses mains. Citoyens, contribuables, tous parties à ce titre, sommes intéressés à res-

treindre les erreurs de jugemens dont nous solderions les frais.
Ce projet séduit au premier abord. Il convient d'y réfléchir néan-
moins, la seule impression du bulletin des deux chambres, pour
200,000 électeurs, couterait plus d'un million par année. Cette
surcharge du budget devrait s'accroître en proportion du nombre croissant des électeurs.

Si l'on veut sérieusement utiliser la presse comme instrument
d'éducation politique, il s'offre un moyen plus facile, c'est de
la délivrer des entraves fiscales qui paralisent son action. Cette
fiscalité, dont le directoire a commencé à faire arme contre
elle (loi du XIII vendémiaire an VI), s'exerce aujourd'hui sous
deux formes, le droit de poste et le droit de timbre. Le premier
se concevrait encore, réduit à l'équivalent des frais que le trans-
port coute à l'état : c'est le seul droit que supporte la presse
aux Etats-Unis. Mais la taxe du timbre, telle que nous l'appli-
quons, est doublement injustifiable. Elle restreint la connais-
sance des intérêts publics qui, dans notre gouvernement, est le
devoir et l'apanage du citoyen. Au lieu de les scinder, d'autre part, comme la loi anglaise, elle confond ce que l'on peut
appeler la presse commerciale, avec la presse politique.
En Angleterre, en effet, le poids le plus lourd de la taxe est
rejeté à dessein sur les annonces maritimes, agricoles, indus-
trielles. Uu journal, dès-lors, n'est point contraint, comme en
France, pour balancer les droits par celles-ci, de resserrer dans
ses colonnes la partie politique, de supprimer ou d'écourter sur
ce lit de Procuste l'exposé des motifs d'une loi capitale, les discours de ses adversaires, voire de ses amis. Il s'applique, au
contraire, à retracer le tableau de plus en plus complet des débats parlementaires. Son intérêt, servant de bride à l'esprit de
parti, lui fait une loi heureuse de la vérité.

C'est comme complément de la tribune, et comme palla-
dium des institutions libres, que nous revendiquons pour la presse
l'allégement de cette fiscalité oppressive. En proroger le main-

tien, serait témoigner d'un reste de haineuses défiances contre la liberté d'écrire. L'intérêt du trésor n'est plus même un prétexte : l'accroissement de circulation le dédommagerait bientôt d'une perte apparente. Nous venons de montrer que, tout au moins, rien ne dispense de reporter sur la spéculation ce qui grève actuellement la politique.

Le corps électoral, cet arbitre indirect mais réel de tous les intérêts du pays, apparemment, pour mieux discerner et mieux agir, ne doit vivre ni inintelligent ni aveugle. Sa puissance est un fait, ses proportions doivent nécessairement s'accroître : ne pas développer à la fois sa capacité politique, serait un inexplicable contresens. Eclairons-le donc, en affranchissant la presse, pour disséminer partout la lumière de la discussion. Eclairons-le, par une éducation libéralement dispensée, qui, enseignant au citoyen ses devoirs, graduée selon ses besoins, le prépare dignement à sa mission.

L'instruction supérieure, dont l'état doit chercher à élever le niveau, l'instruction élémentaire et professionnelle qu'il doit tendre à généraliser de plus en plus, ne peuvent porter tous leurs fruits qu'à l'ombre de la liberté d'enseignement. On ne saurait trop le répéter, dans un pays qui prétend à être libre, maintenir un monopole que nul état libre ne supporte, et que l'ancienne monarchie n'osait s'arroger, un monopole qui usurpe les droits du père de famille et du citoyen, serait la plus dangereuse des contradictions. La Charte l'a senti et le proclame. Pour l'éluder, on ne cessera de recourir aux atermoiemens, aux prétextes ; on fera peur tour à tour au parti libéral et au clergé de leurs influences réciproques. Celui-là pourtant serait infidèle à l'esprit et à la lettre de cette constitution, qui ne hâterait de ses efforts l'affranchissement dont elle contient la promesse.

La liberté d'association n'est ni moins nécessaire ni moins regrettable. Là où tout se fractionne, se pulvérise, où à peine surgissent viagèrement quelques grandes existences individuelles , seule elle pourrait balancer cette tendance générale à l'isolement, et peut-être un jour servir de barrière au despotisme. Essayez de faire comprendre à un conservateur d'au-delà du détroit , que la liberté existe , là où l'on conteste aux citoyens le droit de s'assembler, je ne dis point pour l'examen de systèmes phi-lantropiques ou littéraires, mais pour débattre tous les intérêts politiques, vous n'y réussirez pas. A l'inverse du régime ac-tuel, la faculté de s'associer doit être la règle. Tant que l'asso-ciation n'en sera pas venue à être le droit commun , l'esprit public végétera à l'état d'enfance. Tout se tient dans les mœurs: faute de ce véhicule, l'esprit industriel , l'esprit commercial , l'esprit d'améliorations agricoles restent forcément station-naires. Il serait trop facile d'en administrer les preuves.

Nous aurions parlé plutôt de la chambre des pairs, si la cri-tique de cette institution ne semblait arrivée à l'état de lieu commun. Au milieu de nos institutions démocratiques son nom seul est une anomalie. Née de prétentions d'ancien régime et de l'anglomanie de la Restauration, la pairie s'est toujours res-sentie du vice de son origine. On s'est demandé d'où lui est venue sa prostration presque complète, en regard de l'autre branche du pouvoir législatif. Serait ce qu'elle renfermât dans son sein moins de talens éprouvés, moins d'illustrations en tout genre que l'assemblée du Palais-Bourbon? Non, mais le légis-lateur a trop souvent le tort de chercher les forces vives d'un pays, là où il les désire, plutôt que là où elles existent réelle-ment. La Restauration avait fait la faute de lui donner pour base un principe aristocratique, menacé et compromis dès lors, l'hérédité. Aussi, avec sa prévoyance caustique, le comte de Montlosier, lui-même, s'écriait : « Vous prenez dans la forêt un arbre verdoyant, plein de sève, vous le transplantez avec soin dans le jardin du Luxembourg; aujourd'hui c'est un arbre, de-main ce sera un poteau : Voilà l'histoire de la pairie ! » L'hérédité, après tout, fortifiait l'indépendance ; elle a influé sur la résistance salutaire que la chambre des pairs a quelquefois opposé à la couronne, sous la Restauration. L'abolition de l'hérédité a aggravé la situation de la pairie. Elle l'a subordonnée davantage au pouvoir royal, sans qu'on ait su lui ménager de compensation d'aucune sorte. Il faut le dire, dans l'intérêt de la royauté même, de la royauté surtout, à qui il importait de préparer, non un sujet de responsabilité, mais un appui : toute assemblée politique qui, parmi nous, n'aura pas été consacrée par l'élection, sera de plus en plus frappée d'une débilité irrémédiable. Les velléités d'opposition de la pairie n'ont pu lui conquérir l'ombre d'influence snr un seul revirement ministériel. Elle paraît déjà, elle se croit elle-même, ce qui est pire encore, contrainte à l'approbation de tout acte important émané de l'autre chambre, à une estampille aveugle, sinon muette, apposée sur le budget. On peut dorénavant l'affirmer : dans quelle combinaison électorale devra se retremper l'institution de la pairie? Ce seul mot renferme toute la question ici réservée à l'avenir.

Nous avons indiqué les différences de situation entre la France et la Grande-Bretagne. Nous terminerons par quelques mots de réflexions sur notre politique à l'extérieur.

Au moyen-âge, le christianisme s'efforçait de donner la notion du droit pour pivot à la diplomatie de l'Europe. Le seizième siècle divorça violemment avec cette idée. Pour emprunter le définition du cardinal de Richelieu, la politique internationale ne fut plus que *la force dirigée par l'intérêt*. La force seule décida de cet équilibre factice des états consacré par le congrès de Westphalie. Erigé en loi suprême, l'équilibre devin l'argument ou le prétexte de l'égoïsme tout puissant. Tour à tour, quoique diversement, Catherine II et Cobentzel, Frédéric et Napoléon ont commenté le système de l'équilibre. Cette doctrine de matérialisme politique s'est prêtée, dans le dix-huitième siècle, aux partages itératifs de la Pologne, dans celui-ci aux envahissemens de la Russie et de l'Angleterre. C'est en son nom que la coalition de 1815 a mutilé la France.

Quelques signes pourtant, depuis trente années, ont paru présager, par intervalle, l'aurore d'un nouveau droit public. A l'impérissable honneur de notre siècle, l'Europe commence à enregistrer dans ses congrès le principe de l'abolition de l'esclavage ; elle a commencé à reconnaître la personnalité des peuples en affranchissant la Grèce. Sa diplomatie se surprend enfin à subordonner la force à la justice. Que la France persiste dans cette noble voie. Toute exagération d'amour national à part, la France n'est point seulement le centre, elle est le mobile le plus actif de la civilisation en Europe. Il ne lui est permis ni d'abdiquer ni d'oub'ier cette influence. On l'a remarqué justement, d'ailleurs, sa force s'accroit en proportion de celle qu'elle prête aux opprimés. Ce rôle semble naturellement d'accord avec les principes politiques qu'elle est appelée à promulguer. Il se combine avec ce qu'on est convenu d'appeler ses intérêts positifs, supposé que l'honneur, en définitive, ne soit pas le plus positif des intérêts.

Deux puissances gigantesques, la Russie et l'Angleterre gravitent à l'envi vers l'Orient ; chacune d'elles possède déjà, l'une au nord, l'autre au sud, un tiers de l'Asie. Que poussés par de belliqueux instincts les Russes précipitent leurs bataillons vers la mer Caspienne, qu'inhabile à fournir par l'agriculture du travail au quart de sa population, inhabile à la nourrir sur son propre sol, et menacée par l'activité dévorante de ses fabriques, l'Angleterre s'efforce de s'ouvrir un passage par le golfe Persique, par la mer Rouge, en même temps qu'elle commence à entamer la Chine ; si on réfléchit que, pour la Grande-Bretagne surtout, c'est là une condition fatale de son existence, si on veut en peser le prix, peut-être la France n'a-t-elle trop à envier ni de pareilles colonies, ni de pareilles conquêtes. Dans tous les cas, elle n'a point d'intérêt actuel à entraver sur cette route les pionniers avantureux de la civilisation.

Plus tard peut-être elle aura à préserver en Orient la liberté des isthmes et des mers. Si jamais Constantinople devenait une enclave de la Russie, elle aurait à revendiquer, à exiger en retour l'affranchissement de la Pologne. Sans dévancer l'avenir, pour nous renfermer dans la question qui s'agite aux bords de la Méditerranée, plus la position de la France y était désintéressée, plus elle devait prendre en main énergiquement les intérêts de l'humanité, au milieu des prétentions égoïstes de la Russie et de l'Angleterre. Si ce but lui eût été proposé dès l'abord, si sa diplomatie l'eut invariablement poursuivi, on lui eut épargné les humilians échecs qu'elle a subis coup sur coup. Ce que devait faire la France, c'était de venir résolument en aide à ces populations Syriennes qui, moins gouvernées que pressurées tour-à-tour par la Turquie et par l'Égypte, de tout temps, se sont mises sous notre patronage; c'était de hâter l'émancipation de ces populations chrétiennes des îles et de la Macédoine, instinctivement poussées à secouer le joug qui les abrutit et les opprime. L'empire Ottoman croule de toutes parts : La question n'est plus de savoir si elles continueront à s'y soumettre, mais si elles s'appartiendront à elles-mêmes comme le Péloponnèse, ou si elles seront placées sous un protectorat comme les îles Ioniennes et les provinces Moldo-Valaques. —Partage d'influence ou partage de territoire, tel est, en effet, le résultat dont on s'approche rapidement. Ce dernier partage s'accomplissant, la France aurait à voir si, sans léser aucun droit, aucune nationalité, certaines compensations ne devraient pas lui être accordées, soit pour compléter sa ligne de défense sur le Rhin, soit pour lui assurer, dans la Méditerranée, des points d'appui nécessaires à ses établissemens de l'Algérie.

C'est à son gouvernement d'y réfléchir : la France ne saurait être une puissance de second ordre. Elle ne saurait se résigner à être alternativement expulsée ou traînée à la remorque des délibérations de l'Europe. Déjà on a trop laissé entrevoir qu'on envisageait l'Algérie uniquement comme une diversion à l'excitation belliqueuse que lui a laissée l'empire. On se trompe si l'on croit qu'il lui suffirait, à force de souplesses diplomatiques, qu'on obtint pour elle la tolérance de tirer sa poudre aux Arabes, ou de faire parader ses flottes dans la Méditerranée. Ce n'est point impunément que l'on tenterait d'en imposer ainsi aux justes susceptibilités de l'honneur national, cruellement froissé depuis trois années. La persistance dans un pareil système entraînerait tôt ou tard une explosion redoutable, non seulement contre les hommes, mais encore contre les intérêts ou les principes auxquels on pourrait l'imputer. C'est tâche malaisée vraiment que de faire illusion à un grand peuple. Dût-on lui demander en revanche des centaines de millions au budget, on ne l'amuserait pas toujours de la queue du chien d'Alcibiade.